XVIII-3

Reserve
2949

L'ART DE LA COËFFURE
DES
DAMES FRANÇOISES,
AVEC DES ESTAMPES,
OU SONT REPRÉSENTÉES LES TÊTES COEFFÉES,

Gravées sur les deffins originaux de mes Accommodages, avec le Traité en abrégé d'entretenir & conferver les Cheveux naturels.

Par le fieur LEGROS, Coëffeur des Dames.

Uftenciles de l'Art  de la Coëffure.

A PARIS,
Aux Quinze-Vingts.

M. DCC. LXVII.

L'ART DE LA COËFFURE
DES
DAMES FRANÇOISES.

EN 1765, j'ai fait mon Livre de l'Art de la Coëffure des Dames Françoises, composé de vingt-huit Estampes : dans toutes ces Coëffures il y avoit bien des choses à changer.

En 1766, j'ai embelli & corrigé les figures de mon livre, mais elles n'étoient point encore bien, & j'ai ajouté cinq Coëffures nouvelles.

En 1767 je les ai embellies & corrigées, & je leur ai donné plus de grace & plus de facilité. Pour faire tous ces changemens, il a fallu que je fasse une autre collection de grands dessins originaux pour rendre mon Livre plus parfait, sur mes accommodages faits sur différentes têtes. J'ai donné le premier trait de crayon, & posé moi-même toutes les Coëffures sur mes grands dessins originaux, les Dessinateurs n'ont jamais pû les rendre justes comme je le désirois.

A ij

C'est avec preuve & sans amour propre que je parle, car j'en ai fait travailler six à mon Académie, il n'y en a pas un qui ait pû réussir à poser une Coëffure sur son dessin conforme à mes Coëffures de modele. Il est vrai qu'il est bien rare qu'un Peintre rende mes Coëffures sur son Tableau telle que je les fait sur la tête des Dames. Pour qu'un Peintre de Portraits soit parfait pour les Dames, il faudroit qu'il sçache coëffer. Mon Livre par la suite leur deviendra utile.

Mes dessins originaux étant finis, & toutes mes Coëffures corrigées & embellies, plusieurs de supprimées, & d'autres nouvelles remises en place; j'ai fait retoucher à mes Planches, & j'en ai fait regraver plusieurs, afin de rendre toutes les Coëffures de mon Livre conformes aux originaux de 1767, qui restent aux classes de mon Académie pour servir de modeles aux éleves.

J'ai aussi ajouté cinq Coëffures nouvelles, & fait réimprimer d'autres Exemplaires dont j'ai corrigé & augmenté quelque chose.

Mon Livre contient à présent trente-huit Coëffures toutes bien finies.

Il faut observer qu'après avoir fait tant de changemens dans mes Coëffures, j'ai aussi fait faire trois nouveaux cachets pour les Eleves, & j'ai supprimé les anciens.

Voici la forme des trois nouveaux Cachets que je donnerai aux Eleves lorsqu'ils seront en état de bien coëffer & bien couper les cheveux.

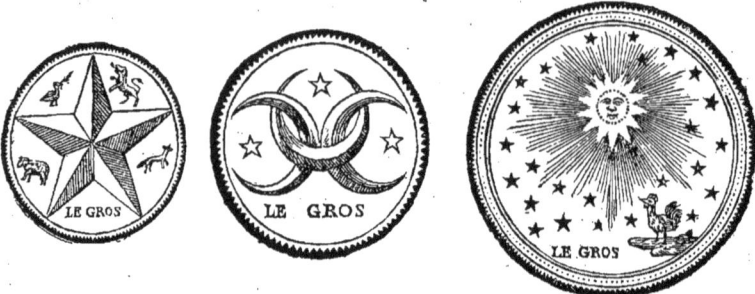

Pour avoir l'Etoile il faut sçavoir coëffer conformément aux onze premieres Estampes.

Pour avoir l'Etoile & les trois Croissants, il faut sçavoir coëffer conformément au vingt-huit premieres Estampes.

Pour avoir l'Etoile, les trois Croissants de la Lune & le grand Cachet du Soleil, il faut sçavoir coëffer conformément aux trente-huit Estampes de mon Livre.

Reglement des Classes de l'Académie des Coëffures du Sieur le Gros.

Cette Académie est composée de trois Classes; la premiere est pour former des Eleves Coëffeurs & Coëffeuses.

Dans la premiere Classe les Eleves donnent six Louis pour apprendre.

Il y a trente-huit grands dessins originaux pour leur servir de modele.

La deuxieme Classe est pour servir & pour former des Valets-de-chambre Coëffeurs.

Dans la deuxieme Classe les Eleves donnent quatre louis pour apprendre.

Il y a vingt-huit grands dessins originaux pour leur servir de modeles.

La troisiéme Classe est pour former des Eleves de Femmes-de-chambre, pour être en état de coëffer leurs Maîtresses.

Dans la troisieme Classe, les Eleves Femmes-de-chambre donnent deux louis, & on ne leur montre point à couper les cheveux.

J'envoye tous les Eleves Coëffeurs de la premiere Classe coëffer en ville par rang d'ancienneté, selon leur capacité & leur mérite.

Quand ils seront Professeurs, ou qu'ils auront gagné un cachet, tous les Eleves qui auront gagné les trois Cachets seront Maîtres Professeurs & Académiciens de l'Art de la Coëffure des Dames.

Les Eleves qui gagneront les deux Cachets seront nommés Professeurs suivants.

Les Eleves qui n'auront qu'un Cachet seront nommés Eleves suivans.

Tous les Eleves en général qui feront des bassesses, ou qui auront des vices deshonorables, ou qui trahiront ou détruiront leur Maître, avec preuves, seront chassés de mon Académie, & leur argent perdu au profit des pauvres; c'est-à-dire, la moitié aux Pauvres de la Paroisse, & l'autre moitié pour les prêteuſes de têtes des Claſſes de mon Académie.

Il n'y a qu'un Profeſſeur dans chaque Claſſe, & un Eleve ſuivant pour m'aider.

Les Claſſes de l'Académie de Coëffures des Dames ne tiendront point les ſamedis : je donne congé ce jour-là à toutes mes Eleves.

Les Claſſes en hiver tiendront depuis dix heures du matin juſqu'à cinq heures du ſoir.

En été depuis neuf heures du matin juſqu'à ſept heures du ſoir.

Les Eleves qui coëfferont conformément aux onze premieres Eſtampes auront un Certificat imprimé cacheté de l'Etoile en cire pâle.

Les Eleves qui coëfferont conformément aux vingt-huit Eſtampes, auront ſur leurs Certificats le Cachet de l'Etoile & celui des trois Croiſſants de la Lune en cire rouge.

Tous les Eleves qui coëfferont conformément aux trente-huit Eſtampes, auront ſur leurs Certificats le Cachet de l'Etoile, celui des trois Croiſſants de la Lune & le grand Cachet du Soleil, en cire rouge.

Toutes les petites prêteuſes de têtes qui ſerviront de modele pendant quatre années, qui ſeront ſages & honnêtes, je me propoſe de leur faire apprendre un Métier.

Tous les Maîtres Profeſſeurs qui iront dans les Cours Etrangeres pour y établir des Académies de l'Art de la Coëffure des Dames Françoises, avec la permission des Reines & Princesses, suivront de droit le Réglement de l'Académie des Coëffures de Paris.

Tous Eleves Professeurs que j'enverrai aux Cours Etrangeres, seront distingués par leur talent & leur sagesse.

Tous les Maîtres Professeurs considéreront bien tous les Eleves qui auront des Cachets comme leur Confrere, & leur prêteront la main dans le besoin selon leur capacité & leur mérite. Les Valets-de-chambre en feront de même, afin que tous les Eleves de mon Académie ne fassent qu'un même corps.

Je dois faire observer qu'il y a eu un ignorant qui a copié mon Livre de l'Art de la Coëffure de l'année 1765. Il a copié les vingt-huit figures, & les a placées à contre-sens, c'est-à-dire, les Figures & les Fleurs à droite, chose ridicule, vendant ce Livre à mon nom.

Ce Livre est contraire au bon sens, propre à tromper tout l'univers, & détruire un Auteur qui a fait un bon Ouvrage.

La preuve que ce Livre ne vaut rien, le Copiste en a fait vendre par des Marchands d'Images, à quarante sols. Ce Livre ne paroît plus à Paris, ses Charlatans l'ont fait passer en Province.

Ce Livre est aisé à reconnoître, les lettres sont

faites

faites à la planche, les Figures & les Fleurs à droite, les Plans tiennent ensemble.

Je dois avertir les Dames de ne se point laisser tromper par les Vendeurs de ces Livres contrefaits.

Mon véritable Livre de l'Art de la Coëffure des Dames, relié & enluminé, se vend toujours deux louis; & broché sans être enluminé un louis.

Je n'ai rien épargné pour rendre mon Livre & tous les grands Desseins originaux dans leur derniere perfection.

Tous les Exemplaires de l'année 1765 & 1766 qui me restoient, sont supprimés, & ne peuvent plus servir, attendu que j'ai fait des changemens considérables dans les planches nouvelles que j'ai fait graver, ainsi que dans le discours.

Après neuf années de travail à l'Art de la Coëffure des Dames, l'expérience & les épreuves que j'ai faites, m'ont fait connoître à fond l'Art de la Coëffure, qui est très-difficile à sçavoir; attendu que chaque tête a sa proportion & l'air de son visage, & que les cheveux sont très-difficiles à conserver, comme on le verra par la suite.

Bien des Dames sont variables dans leurs coëffures, elles veulent suivre les modes, & quittent souvent le vrai pour prendre le faux.

La plus belle mode est de suivre l'air de son visage, attendu que toutes les Coëffures ne vont

B

point à toutes têtes. C'eſt par expérience que je rends un fidéle compte de la variété de l'Art de la Coëffure ; puiſque j'ai eu l'honneur de coëffer les Dames de cinquante-deux ſortes de goût différent, bien applaudi. Cependant j'en ai ſupprimé quatorze qui n'étoient point de mon goût, & je n'en ai mis que trente-huit dans mon livre.

Dans toutes ces Coëffures l'on en trouvera toujours de mode pour la Cour, pour la Ville & pour le Théâtre. Je ne parlerai pas ici des principes du coup de Peigne, ni de la Papillote, ni de l'air du viſage, ni de ſe rendre maître du cheveu pour faire toutes ces Coëffures, attendu que les perſonnes qui voudront ſuivre mon goût viendront les apprendre à mon Académie. Avant que de parler de la conſervation des cheveux, il faut parler de la perte que l'on en fait, & faire voir aux Dames comment il y en a qui les perdent. Bien des Dames avoient amené la mode des Chignons natés & des Chignons noués : ces deux ſortes de Coëffures étoient la perte des cheveux, comme je le dirai par la ſuite.

La Natte étant faite, il y avoit toujours des petits cheveux qui ſortoient des longs, & on les coupoit ; plus l'on faiſoit la Natte, plus les petits cheveux devenoient courts.

Dans la ſuite ils ſe perdoient dans la racine ; la Natte étant chargée de poudre & de pommade, faiſoit qu'en les peignant on caſſoit les cheveux, alors tous ces petits cheveux courts dans les racines étouffés par les longs, & n'ayant pas d'air, dépérissoient tout-à-fait.

Cependant si l'on faisoit la Natte dans son naturel, elle n'altéreroit point les cheveux.

Les Allemandes nous en donnent des preuves; plus elles nattent leurs cheveux, plus ils deviennent beaux.

Les Chignons noués étoient encore plus dangereux pour la perte des cheveux, attendu qu'une Dame avoit plus de poudre & de pommade sur la tête, que de cheveux.

Les Chignons étant noués avec un cordon, coupoient les cheveux; bien des Dames ne faisoient faire leurs Chignons que tous les huit ou quinze jours, la poudre & la pommade produisoient une crasse dans les racines, tous les petits cheveux cassés ou coupés, n'ayant point d'air, & étant étouffés par la crasse & les longs cheveux, dépérissoient, & quelquefois les racines s'éteignoient tout-à-fait.

Voyez un petit arbre dessous un grand, il ne devient jamais aussi grand que celui qui le couvre; au contraire il dépérit.

Il en est de même des cheveux.

Après avoir parlé de la perte des Chignons, il faut parler de la perte des racines & des faces.

Les racines étant mal mises en papillotes, & passées trop chaud au fer, brûlent & dessèchent les

B ij

cheveux, & produifent des petits cheveux courts dans les racines, & enfin des cheveux à s'éteindre tout-à-fait, fi l'on n'y apporte reméde.

La perte des cheveux des faces vient fouvent de les tenir trop longs, de ne les point couper affez fouvent, & de ne les point bien préparer avant de les mettre en papillote.

Aux cheveux qui font trop longs, on eft obligé au bout de quatre ou cinq jours de frifure d'y mettre des épingles, & les rouler fermes avec le peigne; ces cheveux longs matés par la poudre & les épingles, alterent & étouffent les courts qui fe trouvent dans la racine des longs.

Les épingles n'alterent pas les cheveux, pourvu que l'on ne couche point avec.

Bien des Dames ne s'apperçoivent point de la perte de leurs cheveux dans leur jeuneffe, parce que la poudre, la pommade & la frifure leur en font paroître; mais par la fuite elles s'apperçoivent que leurs cheveux n'ont point été bien traités; car elles trouvent dans leurs chevelures quantité de petits cheveux courts & caffés, des racines claires & dégarnies par places. Plus les Dames deviennent en âge, plus leurs cheveux font difficiles à conferver, fur-tout quand ils font dégarnis dans leur jeuneffe.

Les cheveux bien traités ne dépériffent point, à moins que ce ne foit par accident; mais on peut les faire revenir fi la racine n'eft point éteinte.

Il faut obferver que la grande élévation des boucles eft encore la perte des cheveux, attendu que l'on eft obligé de les taper, & bourer trop fort dans la racine : fi l'on engorge une boucle depuis la racine jufqu'à la pointe, cette façon ôte la frifure, & brife les cheveux.

J'ai dit bien des fois aux Dames que leurs cheveux dépériffoient faute d'en avoir foin, elles n'ont point voulu me croire : par la fuite elles fe font apperçues que je leur avoit dit la vérité ; mais il n'étoit plus temps, car plufieurs Dames ont été obligées d'avoir recours aux perruques & aux nattes fauffes.

Je les ai encore averties que les cheveux mal montés fur de la toile & fur du ruban, & coufus avec du fil, étoufferoient & mangeroient le refte de leurs cheveux.

Enfin bien des Dames revenues de leur erreur, ont eu recours à moi pour rétablir & conferver leurs cheveux, & leur faire toutes fortes d'ouvrages en cheveux faux qui ne dépériffent point les cheveux naturels.

Cela m'a été facile à faire, vu que dans tous mes ouvrages il n'y entre que de la foie & des cheveux bien choifis & bien apprêtés ; la foie ne dépérit jamais les cheveux : cependant fi l'on couchoit toujours avec, je n'en répondrois point.

Tout cela m'a engagé de faire un livre pour l'Art de la Coëffure des Dames, afin qu'elles puissent conserver leurs cheveux, & commander les Coëffeurs à leurs toilettes, & par la suite elles n'écouteront plus un tas d'ignorans, qui par jalousie veulent leur persuader que je ne sçais point coëffer, attendu que j'ai été Cuisinier, & que personne ne m'a montré.

Il est vrai que personne ne m'a jamais montré, & que j'ai été Cuisinier chez M. le Marquis de Belle-Mare, dont j'ai fait un livre de Cuisine qui n'est point encore imprimé, parce que je n'ai point eu le temps de le finir : il auroit été très-utile pour l'armée & pour la ville.

Enfin en peu de temps, j'ai fait voir à bien des Coëffeurs le contraire de tous leurs mauvais discours, attendu que c'est moi qui a inventé l'Art de la Coëffure à fonds ; & j'en donne des preuves tous les jours, puisqu'il n'y a point de Coëffeur qui puisse suivre mon goût, ni coëffer en pleine Estampe, à moins qu'il n'eut appris chez moi. Il sera facile aux Dames d'en voir les preuves, en demandant les Coëffures marquées ci-après : les Perruquiers vouloient en faire de même que les Coëffeurs, & persuader aux Dames que je ne sçavois point faire des Perruques, ni aucun ouvrage en cheveux : je leur ai prouvé le contraire en 1763, à la Foire saint Ovide, par un étalage de trente poupées toute coëffées, qui ont été applaudies de toutes les Dames.

Plus en 1765, j'ai étalé cent poupées toute coëffées, & vingt-huit grands desseins encadrés pour servir de modeles, dessinés d'après nature dans mon Académie. Les applaudissemens des Dames Françoises & de toutes les Dames des Cours étrangeres de l'Europe, m'ont engagé à établir trois classes pour leur former des éleves, pour Valets-de-chambre, ou Femmes-de-chambre, ou Coëffeurs.

Il y aura peut-être des personnes qui trouveront mauvais que mon Livre ait pour titre l'Art de la Coëffure des Dames, & mes classes le nom d'Académie.

En voici la raison : la Coëffure des Dames est devenue un Art pour moi, parce que j'ai composé & fait les plans de toutes mes Coëffures, & que voilà le quatriéme goût que je change depuis neuf ans, que j'ai coëffé les Dames de cinquante-deux sortes de goût différents, & que je leur ai fait avec des cheveux faux, trois cents piéces d'ouvrages tous différens pour leurs Coëffures, dont j'ai composé toutes les montures, & les accommodages copiés d'après les cheveux naturels. Mes classes ont le nom d'Académie, parce que je montre l'Art de la Coëffure à fond, & à faire les plans & à dessiner toutes les Coëffures, les fleurs, les barbes, & que je donne aux éleves un certificat imprimé, cacheté de l'Art de la Coëffure des Dames, quand ils sont en état de coëffer conformément aux trente-huit Eſtampes, & les éleves qui ne coëfferont point comme font toutes les Eſtampes n'auront qu'un certificat cacheté du nom de mon Académie. Puiſque je ſuis le ſeul dans le monde qui ai pouſſé la Coëffure des Dames à ſon dernier degré, & qui ai fait tant d'ouvrages en cheveux imitant le naturel, ce que perſonne ne s'étoit jamais aviſé de faire, ainſi que le traité des cheveux naturels qui n'a jamais paru ; je crois qu'il m'eſt bien permis de me dire le premier des Artiſtes pour la Coëffure des Dames.

Il faut à préſent enſeigner la façon de conſerver & entretenir les cheveux naturels, ſans qu'ils puiſſent dépérir, à moins que ce ne ſoit par accident, malgré que la poudre & la pommade nous trompent quelquefois.

Il y a de la poudre qui n'eſt point naturelle, elle brule les racines des cheveux, engendre quelquefois de la vermine, & cauſe des démangeaiſons à la tête. Il y a auſſi de la pommade qui deſſéche les cheveux.

La meilleure pommade pour rétablir, conſerver & faire revenir les cheveux, c'eſt la pommade de Bœuf que j'ai compoſée, ainſi que des petits cornets de pommade ferme pour les racines.

Pour faire la pommade de Bœuf, il faut prendre de la moelle de Bœuf, & en ôter toutes les petites peaux & les petits os, la mettre dans une

terrine

terrine avec de l'huile de noisette, & la bien tourner avec le bout d'un rouleau à patisserie, y verser de l'huile de noisette de temps en temps, afin de la rendre bien liquide, & y mettre un peu d'essence de citron. Cette pommade ne se peut garder que trois ou quatre mois, & l'on s'en sert comme de la pommade ordinaire.

Pour faire les petits cornets, il faut prendre de la chandelle & la faire bouillir, la bien écumer pour en ôter la crasse, & la laisser refroidir jusqu'à ce qu'elle ne soit plus que tiéde, y mettre un peu de quintessence de citron : la couler dans des petits cornets de papier, & on s'en sert comme des bâtons de pommade ordinaire.

Pour noircir les racines des cheveux blancs ou gris, il faut mettre un peu de poudre noir d'yvoire, avec de la pommade blanche, & bien mêler le tout ensemble, & avec un pinceau on noircit les racines avec cette pommade. Pour ne point altérer les cheveux des Chignons, il faut les faire ronds du bas du col, & ne les point assommer de poudre.

Pour bien conserver les cheveux naturels, il faut en couper les pointes à tous les premiers croissans de la lune, excepté la lune rousse, attendu qu'elle est contraire à la coupe des cheveux.

Avant que de les mettre en papillote, il faut mettre légérement un peu de pommade à la pointe des cheveux, sans en mettre à la racine,

C

attendu que cela brûleroit en paffant au fer ; la pointe des cheveux humectée légerement de pommade, & bien mife en papillote, fait qu'en les paffant au fer, elle produit une petite fumée graffe dans le corps des cheveux qui les nourrit, & leur fait tenir la frifure plus long-temps. Pour empêcher que les cheveux forts de deffus la tête n'occafionnent des maux de tête aux Dames, il faut bien pommader les racines des cheveux avec de la pommade de bœuf, & y mettre de la poudre avec le peigne, & bien étendre les racines des cheveux de deffus la tête en les peignant, alors les cheveux ne pourront fe crêper, ni prendre de faux plis des racines, & ne feront plus de mal deffus la tête des Dames.

On peut faire toutes fortes de boucles avec les cheveux naturels des Dames, fans y mettre de papillotes, les cheveux naturels fe préparent comme les cheveux faux, & on les paffe avec un fer chaud : chaque coup de fer fait une boucle plus belle que fi elle étoit mife en papillote ; mais elle ne dure pas fi long-tems : l'on trouve la forme du fer ci-après.

Pour rétablir les cheveux qui font dépéris par la frifure carrée, brifée & brulée par le fer, il faut les tenir un peu courts, les bien préparer, & les mettre en petites papillotes bien rondes, les paffer au fer à demi-chaud, & tenir fa papillote dans fon fer plus long-temps qu'à l'ordinaire.

Cette chaleur douce & la frifure ronde, ramenera par la fuite les pointes des racines dépéries de la même longueur que les autres cheveux.

Pour prévenir une tête dont les cheveux menaçent de tomber, & les racines prêtes à s'éteindre, auffitôt que l'on s'apperçoit qu'une tête commence à fe dégarnir, que les racines s'arrachent en les peignant, & que la tête devient chauve par place, il les faut couper en vergette, ou les faire rafer plufieurs fois, & les bien pommader tous les foirs avec de la pommade de Bœuf; ils reviendront plus beaux qu'auparavant, & fi l'on attendoit qu'ils foient prefque tombés avant que de les couper, ils ne reviendroient plus fi beaux qu'auparavant, parce qu'il fe trouveroit des racines éteintes par les longs cheveux qui n'ont point été coupés affez tôt.

La chute des cheveux vient fouvent par des maladies, ou par des accouchemens, ou d'avoir été négligés.

Pour empêcher de tomber les cheveux d'une femme qui doit accoucher, on aura foin trois ou quatre jours avant fon accouchement, de la peigner à fond, en couper les pointes, & tenir les cheveux des faces un peu courts, de les bien pommader avec de la pommade de Bœuf, & n'y point remettre de poudre: les cheveux étant gras ils fe conferveront deffous un grand bonnet, & la fiévre de lait n'ébranlera pas les racines.

C ij

Cependant si le lait remontoit à la tête, je ne répondrois pas qu'ils ne tombent, & que l'on ne soit obligé de les raser ou couper, par rapport aux petits boutons & aux démangeaisons qui se trouvent dans les racines des cheveux.

Pour conserver les cheveux des têtes qui deviennent chauves, il faut les couper courts à l'endroit où ils deviennent chauves, afin qu'ils n'abattent plus dans les cheveux longs, attendu qu'une tête qui commence à devenir chauve, & que les cheveux de dessus la tête qui abattent dans le Chignon, s'arrachent petit à petit, & la racine s'éteint : ils ne reviennent jamais, mais étant coupés courts, ils durent très-long-tems.

Après avoir parlé des cheveux naturels, il faut enseigner comment il faut coëffer les Dames avec les cheveux faux, & les plans des largeurs des faces & des racines qu'il faut tenir.

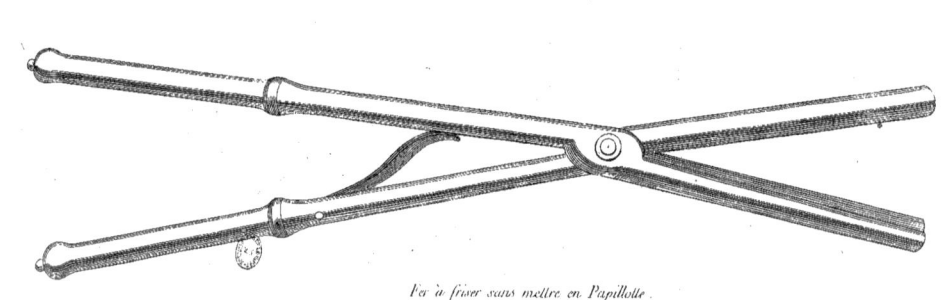

Fer à friser sans mettre en Papillotte.

Premier plan de largeur des racines qu'il faut tenir pour coëffer une Dame avec trois boucles de côté en cheveux faux.

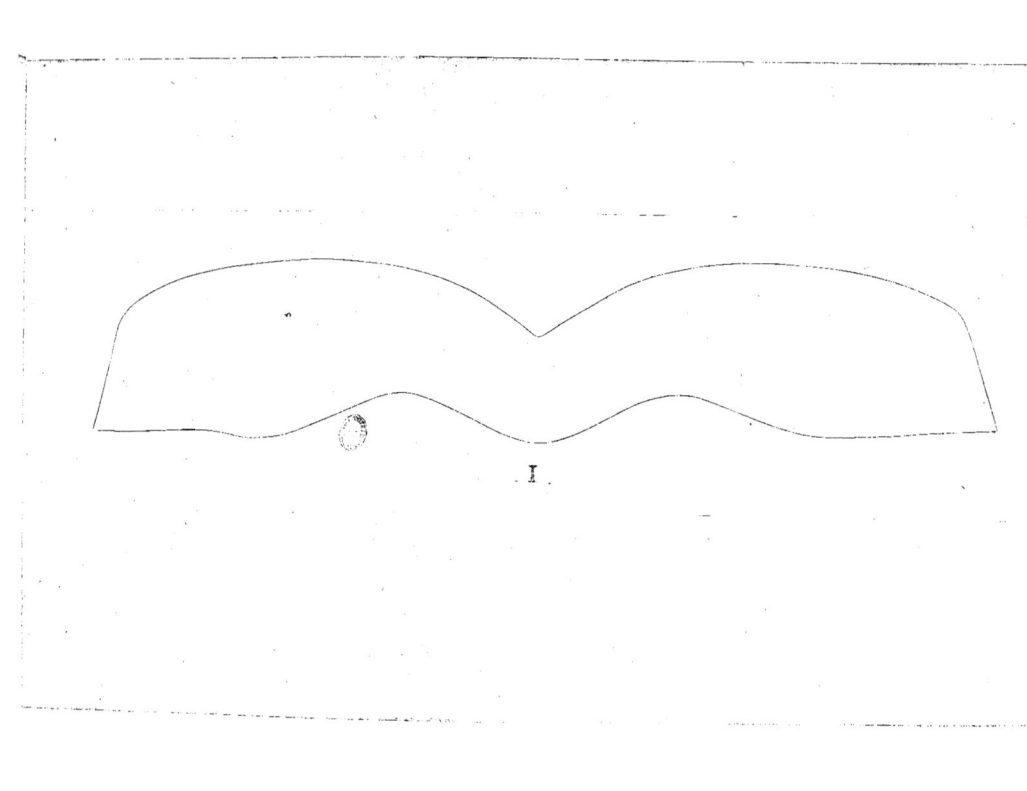

Deuxiéme plan des largeurs des cheveux des racines qu'il faut tenir pour coëffer avec cinq ou sept boucles de côté en cheveux faux.

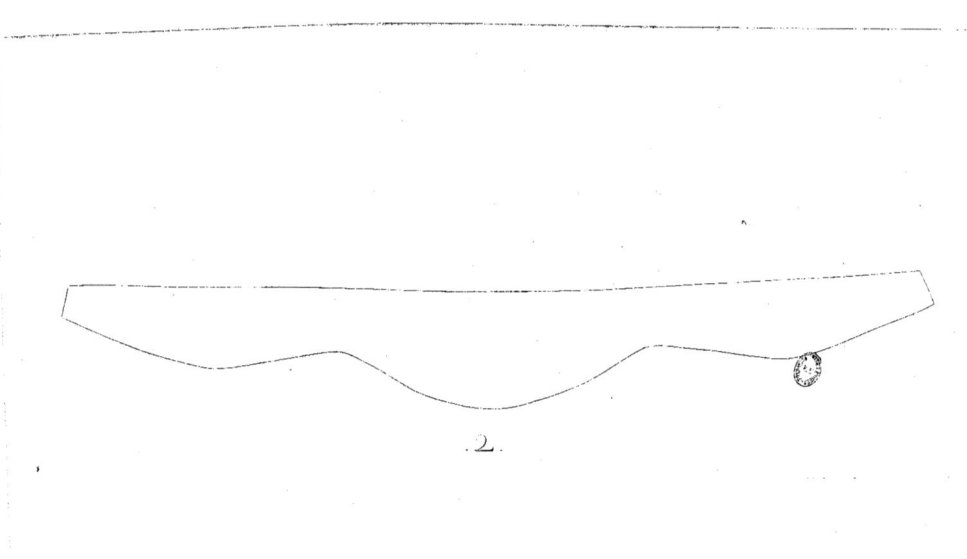

Troisiéme plan des largeurs des cheveux des racines qu'il faut tenir pour coëffer avec toutes sortes de devans en boucles sans tapé en cheveux faux.

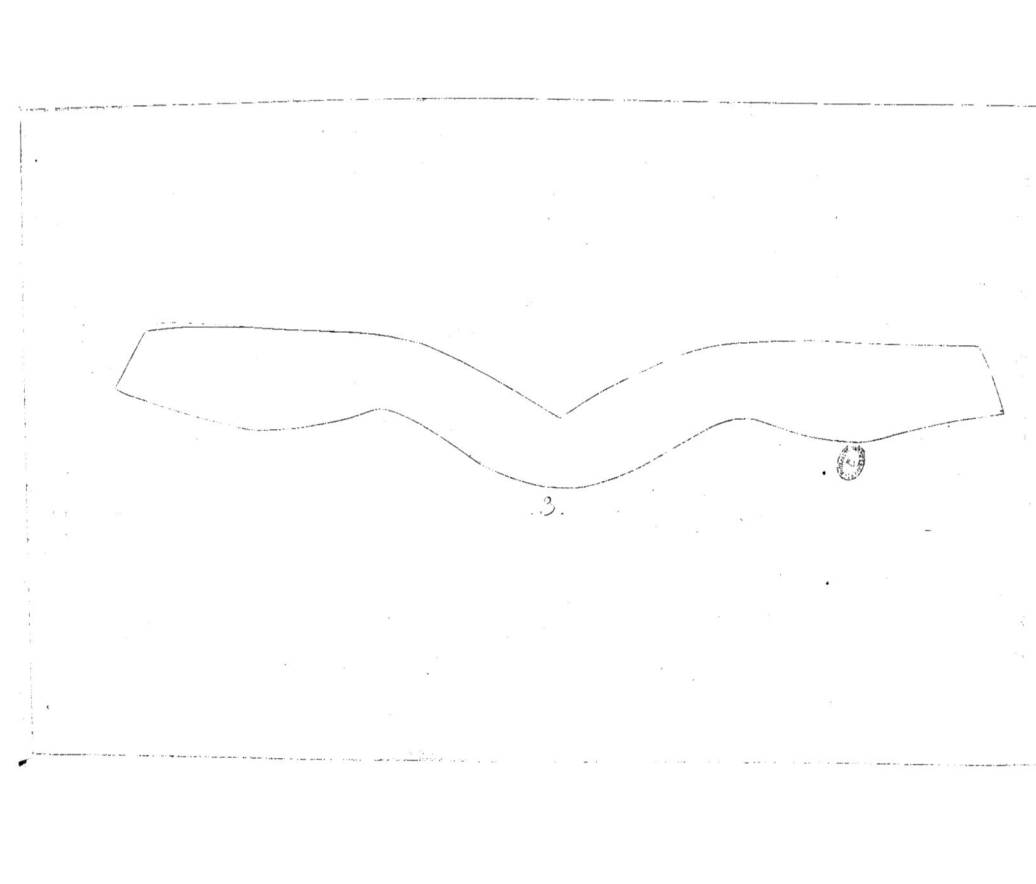

Quatriéme plan des largeurs des racines des cheveux qu'il faut tenir aux Dames pour coëffer avec toutes sortes de devans où il y a du tapé devant les boucles en cheveux faux.

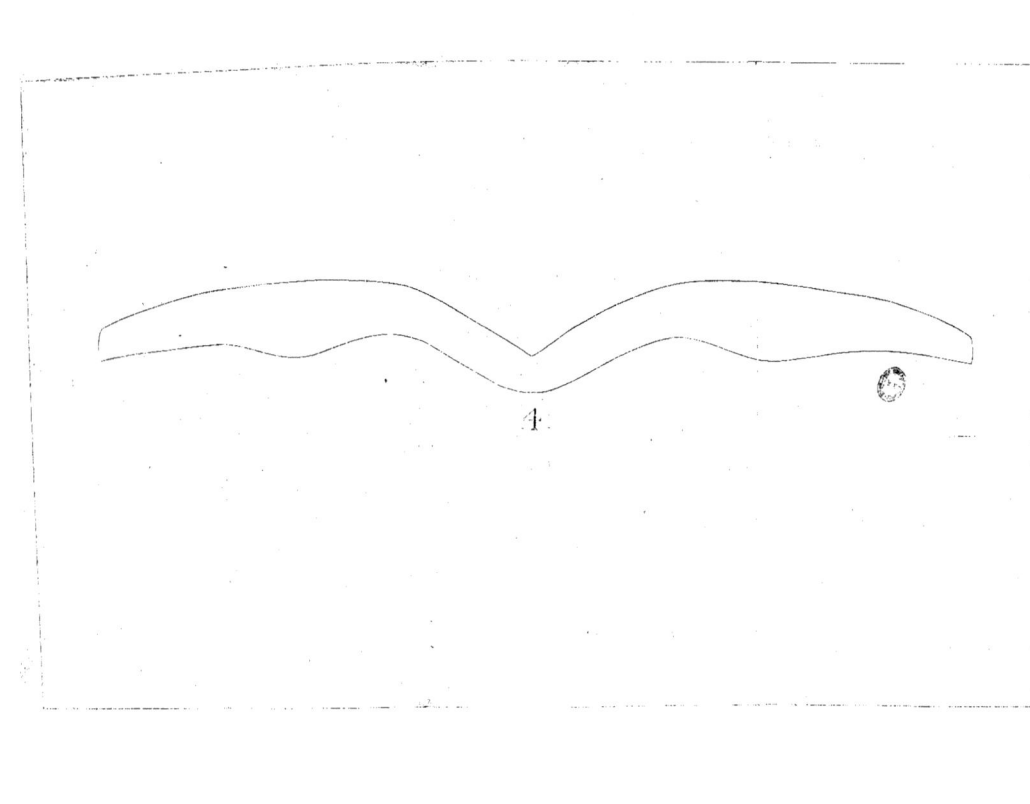

Tous mes ouvrages en cheveux faux pour la Coëffure des Dames, se rapportent au plan des faces & des racines marqué ci-devant.

Pour coëffer une Dame avec trois boucles de côté, après que son Chignon & son Tapé est fait, on lui met les boucles de côté, qui sont attachées avec des cordons de cheveux, qui se perdent dessous le Chignon, & des cordons de soie pour les nouer sur la tête. Les côtés de cinq ou de sept boucles s'arrangent de même, sinon qu'il faut rentrer les pointes du Tapé dans les boucles suivant les plans.

Afin que l'on ne voye point les cordons des cheveux, il faut faire les Chignons un peu gros du bas, & relever les petits cheveux du bas du col pour les cacher.

Les Dames qui portent leurs Chignons en racines droites, il faut leur mettre les boucles de côté avant que de faire les Chignons, & y mettre aux boucles un ruban en place de cordons de cheveux, afin qu'il tienne plus ferme, & que l'on puisse les attacher en dedans avec des épingles.

Pour coëffer les Dames avec toutes sortes de devans en boucles sans Tapé, on l'arrange de même que les côtés.

Pour coëffer les Dames avec toutes sortes de devans en boucles, où il y a du Tapé, on l'arrange de même, sinon qu'il faut tenir les racines des cheveux un peu plus courtes & bien éfilées, afin de les faire rentrer en glacis dans le Tapé des devans.

Il faut obferver de ne point tenir les racines plus larges qu'il n'eft marqué par le plan.

Pour coëffer les Dames avec des Chignons relevés avec des devans, il faut mettre un ruban autour de la tête, pofer le Chignon & l'attacher avec une épingle au ruban fur la tête, & en faire de même derriere les deux oreilles, ferrer les deux cordons des cheveux & les nouer fur la tête, alors on fait le Chignon comme s'il étoit naturel.

Les racines s'arrangent de même que celles des devant : on peut mettre un Chignon fans ruban, mais il n'eft point fi ferme fur la tête.

Tous les Chignons frifés fe pofent de même, finon qu'il faut les ferrer du derriere avec deux petits cordons de foie.

Je ne parle ici que des piéces les plus difficiles à pofer.

En fait des petites piéces pour garnir & embellir les coëffures, elles vont à toutes têtes; les Dames les font pofer à leur goût, fuivant l'air de leur vifage.

Dans deux cents petites piéces que j'ai faites pour la garniture de la tête, toutes différentes, je n'en ai trouvé que dix-huit, que l'on peut faire facilement avec les cheveux naturels.

Dans ce petit nombre on en trouvera toujours

de mode pour la Cour, pour la Ville, pour le Bal & pour le Théâtre.

En voici les noms.

Des derrieres de Bonnet de trois boucles.
Des derrieres de Bonnet de cinq boucles.
Des deſſus de peigne à cinq boucles.
Des deſſus de peigne à trois boucles.
Des peignes garnis à une boucle renverſée.
Des peignes garnis à trois boucles renverſées.
Des peignes garnis en travers en boucles rondes.

Toutes ces petites piéces ſont propres à mettre avec des petits Bonnets, ou avec des Barbes.

Petites piéces pour les grandes Coëffures en cheveux, pour garnir la tête en place de cheveux naturels.

Des Toques à trois boucles & une coque.
Des Toques à ſix boucles en marrons.
Des Toques à ſept boucles contrariées.
Des Toques à quatre boucles flottantes, deux boucles en marron & une coque.
Des Toques en cheveux liſſes bouillonnés.
Des peignes garnis à trois méches de cheveux liſſes, & une boucle renverſée.
Des peignes garnis à quatre boucles tombantes en béquille & une boucle en marron.
Des peignes garnis à trois boucles flottantes.
Des Sultanes en chenille de pluſieurs façons.

Il y a pluſieurs de ces peignes que l'on peut garnir de Diamans, attendu qu'il n'y a pas de cheveux ſur le dos.

J'ai fait toutes les Coëffures qui ſont ſur les Eſtampes avec les cheveux faux comme avec les cheveux naturels; mais c'eſt pour celles qui n'ont point aſſez de patience à leur Toilette, ou qui n'ont point aſſez de cheveux, & qui veulent ſe coëffer elles-mêmes.

Voici comment il faut prendre la mesure de la tête d'une Dame pour les Chignons.

Il faut mettre une petite bande de papier autour de la tête comme un ruban, suivant les racines des cheveux, & marquer la rondeur du front, le devant & le derriere des oreilles, & la largeur du col, & avec une autre petite bande de papier il faut prendre la longueur de la tête depuis les racines du front, jusqu'aux racines du col, & marquer l'assiéte de la tête par un A, la longueur par un L.

Il faut prendre les travers de la tête du devant d'une oreille à l'autre, & marquer le travers de la tête par un T.

Mesures des devans.

Il faut mettre une petite bande de papier du derriere d'une oreille à l'autre, suivant les racines des cheveux, & marquer le devant & le derriere des oreilles avec la rondeur du front.

Avec ces mesures & la couleur des cheveux, je coëffe les Dames de toutes sortes de goût, sans avoir l'honneur de les voir.

Telle est la façon d'accommoder les cheveux faux, attendu que le coup de peigne est différent de celui des cheveux naturels.

Quant aux boucles des cheveux naturels, il faut les taper fermes dans la racine du devant & du derriere de la boucle, & les boucles des cheveux faux, il ne faut commencer à les taper légérement que du milieu jusqu'à la pointe, & un peu du derriere de la boucle, & bien dégager la racine, & appuyer avec la queue du peigne dans les racines, & en faire la boucle.

Tous les ouvrages en cheveux où il y a du crépé devant les boucles, ces cheveux ne font pas tapés, malgré qu'ils le paroiffent; il faut les peigner toujours à fonds, & ne point laiffer de poudre dans la racine: quand ils font bien peignés, on appuye un peu la main deffus, & le tapé fe trouve fait.

Pour remettre toutes fortes d'ouvrages en cheveux dans fon naturel comme s'ils étoient neufs, il faut bien peigner les boucles à fond, y mettre un peu de pommade depuis la racine jufqu'à la pointe, & féparer les boucles en deux, les paffer avec un fer à toupet, les tenir un peu de temps autour du fer, & les laiffer réfroidir avant de les accommoder.

Il faut obferver de ne point mettre plus de boucles dans les Coëffures qu'il n'y en a fur les eftampes, & ne mettre les Aigrettes, les Dragonnes, les Sultanes & les fleurs que du côté gauche.

Les fleurs qui feront pofées en guirlande, il en faut mettre trois du côté droit.

Les Barbes de chenille ou de blonde fe mettent des deux côtés.

Toutes les Coëffures ci-après, je les ai fait deffiner en grand fur les cheveux naturels, & fait graver en petit, conformes aux accommodages; mais elles ont plus de grace fur les cheveux que fur les eftampes.

Voici le premier plan de la largeur des cheveux naturels des faces qu'il faut tenir aux Dames pour faire toutes les Coëffures avec des petits bonnets ou avec des toques de cheveux.

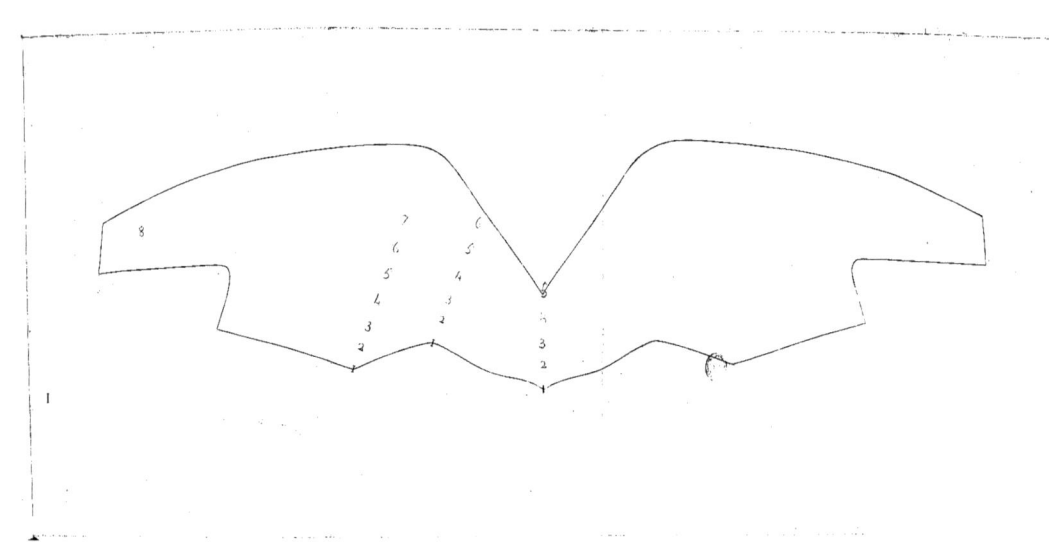

Deuxiéme plan de la largeur des cheveux des faces qu'il faut tenir pour faire toutes les grandes Coëffures en cheveux.

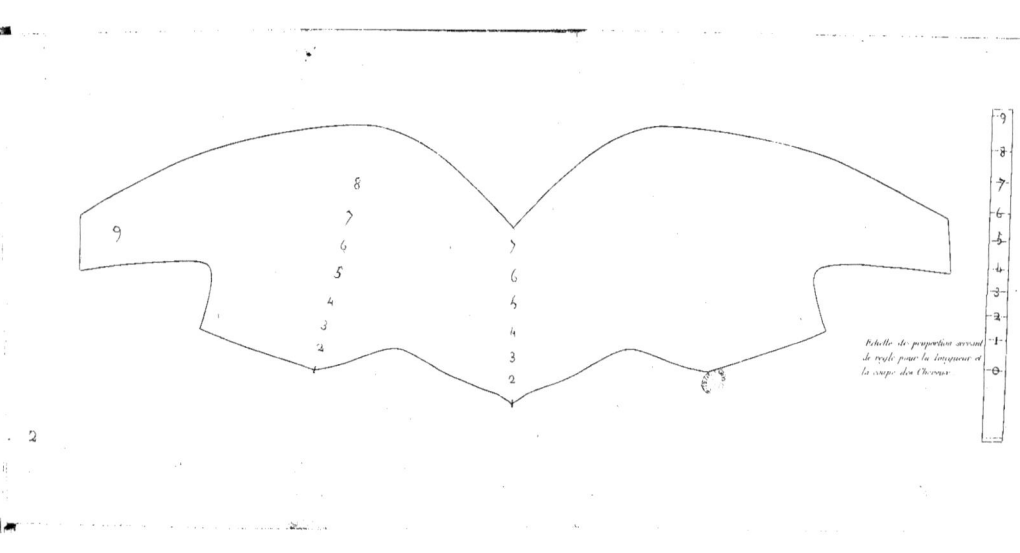

Toutes les Coëffures marquées ci-devant ont été faites sur la largeur de ces deux plans.

A tous les plans il faudra suivre les traits, & en prendre la mesure avec un compas, dont voici la forme, mesurer la largeur des cheveux que l'on veut couper, & lui donner la même forme que les plans.

Toutes les Coëffures marquées ci-devant portent leurs noms naturels suivant la forme des accommodages.

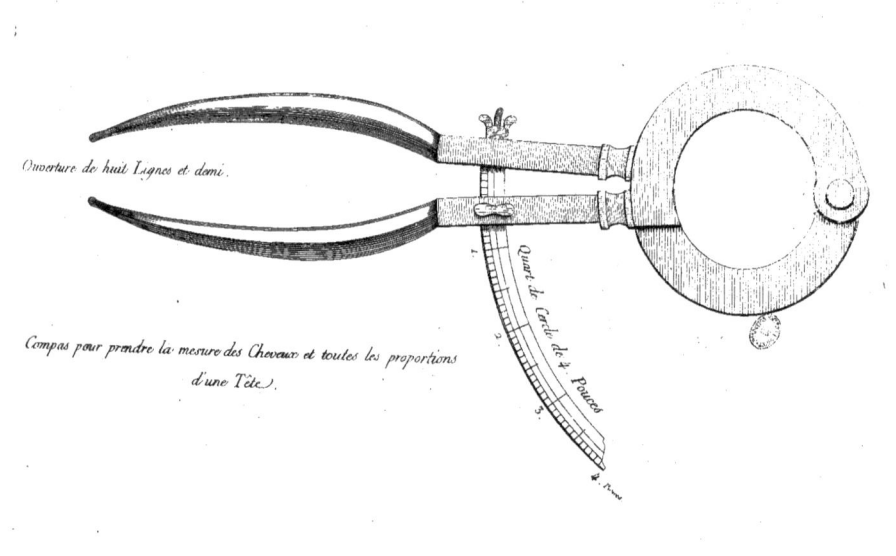

Toutes les Coëffures ci-après ne font point difficiles à faire; il n'y a que la façon & la maniere de sçavoir prendre les cheveux: il est vrai qu'il faut avoir du goût & de la patience pour l'Art de la Coëffure, car les plus sçavants apprennent tous les jours: si un Coëffeur étoit parfait, les Dames ne les changeroient jamais. Et pour être parfait il faudroit avoir dans l'idée un goût & un esprit pour chaque Dame.

Alors le goût des Coëffures se rapporteroit avec celui des Dames à mettre des cheveux où il n'y en a point, & tout iroit bien.

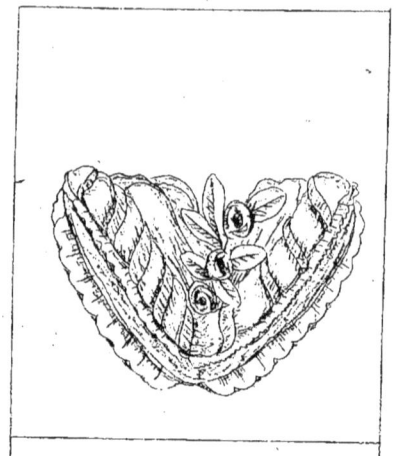

Toque a la Bactriane.

d

Bonnet à la Barcelonette.

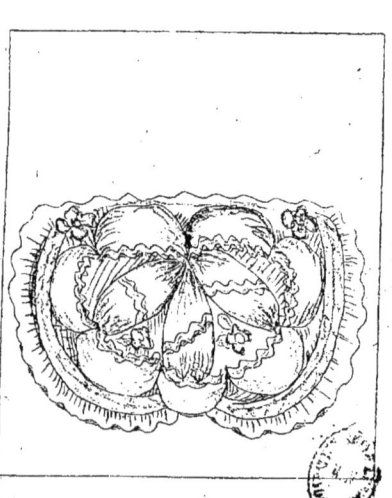

Toque a la Cleopatre.

e

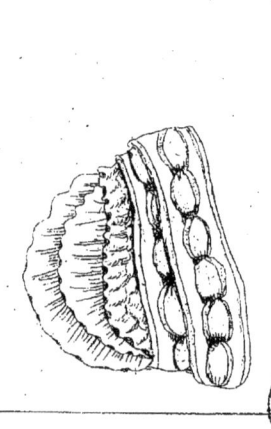

Baigneuse a la Diane.

Cette premiere Estampe repré-
sente un Tapé avec trois Boucles
de côté & un petit Bonnet.

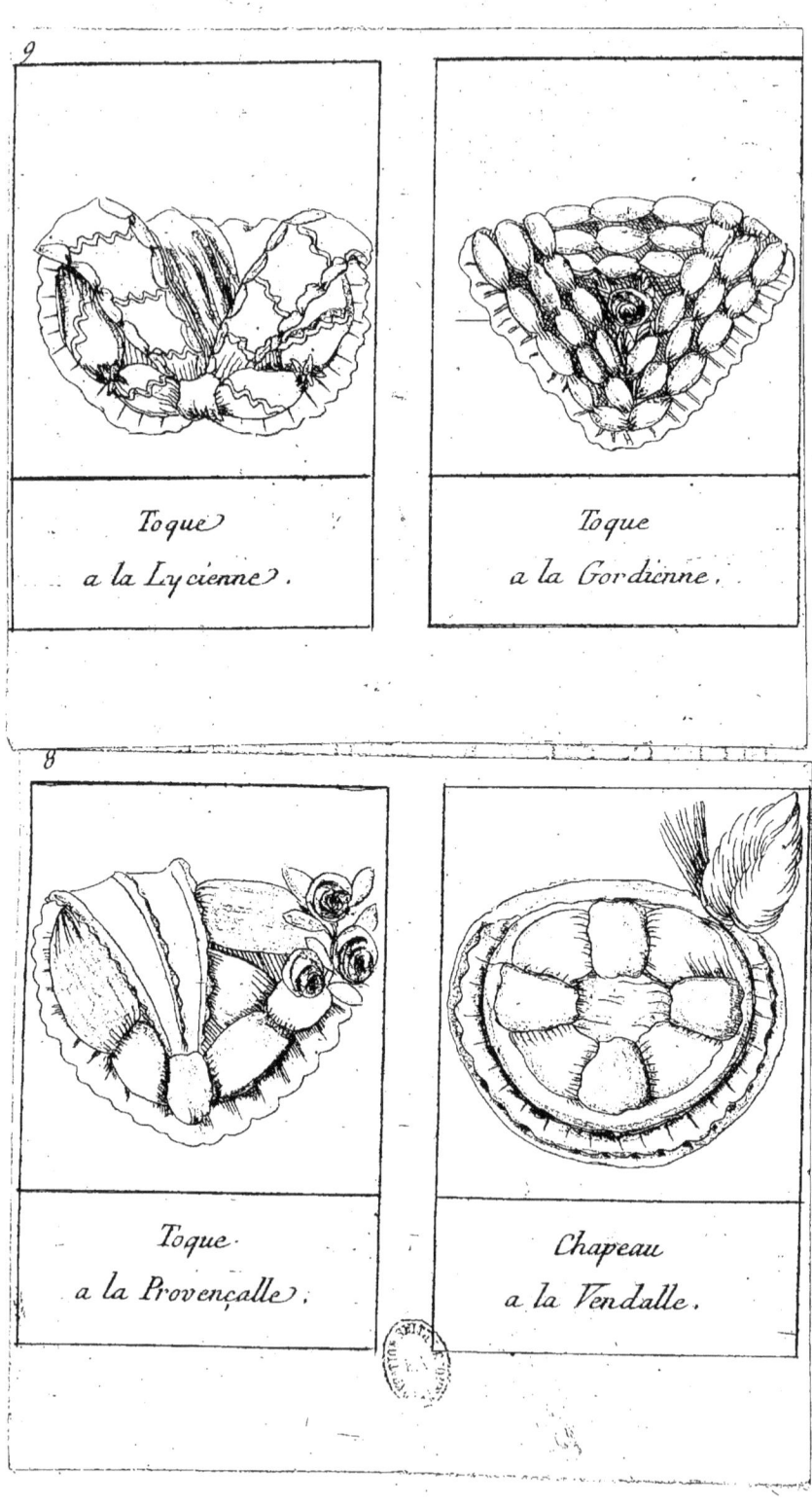

La seconde Coëffure est un Chignon en vergette, frisé en boucle & en tapé, & un Bonnet.

2.

6.

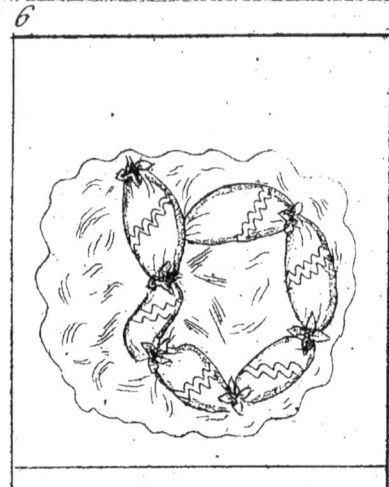

Qu'abá
a l'Angloise.

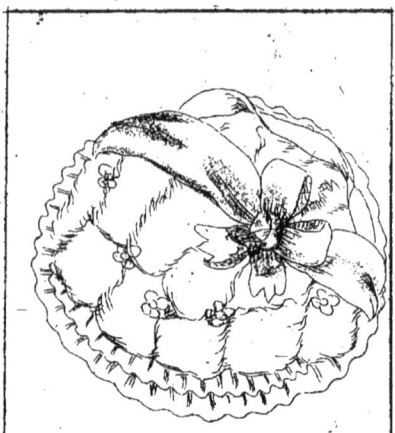

Grand Qu'abá
a l'Angloise.

7.

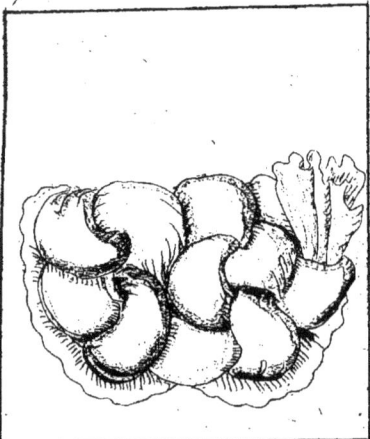

Tocque
a la Darius.

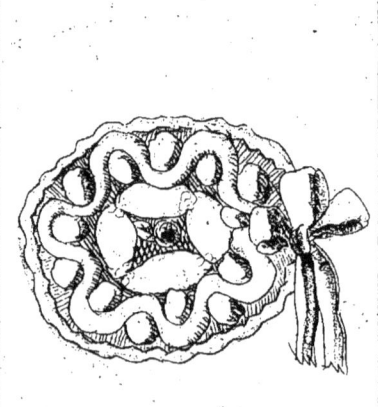

Chapéau
a la Semiramis.

La troisiéme Coëffure est à un rang de boucles courtes, & un petit Bonnet.

4.

Toque a la Sogdiane.

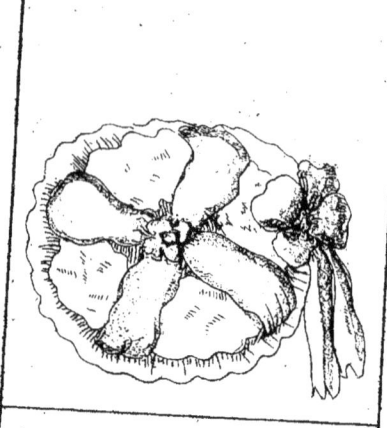

Chapeau a la Maltaize.

5.

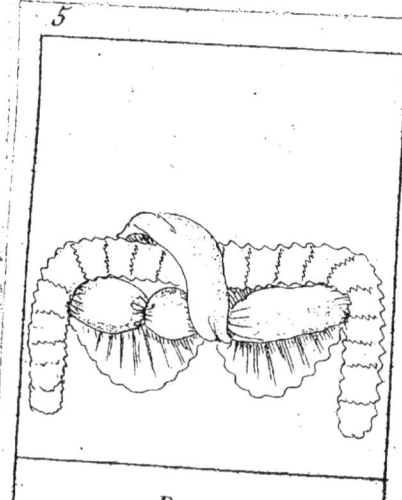

Bonnet a la Politimete.

Chapeau a la Talestris.

La quatriéme Coëffure est à deux rangs de boucles brisées avec un Bonnet.

4

Toque a la Jardiniere.

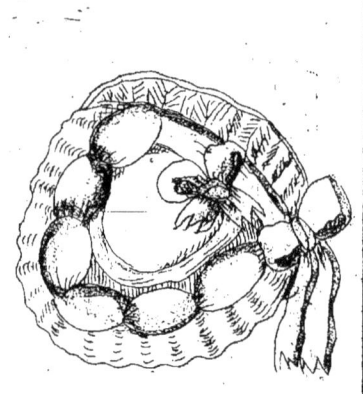

Chapeau a la Frigiene.

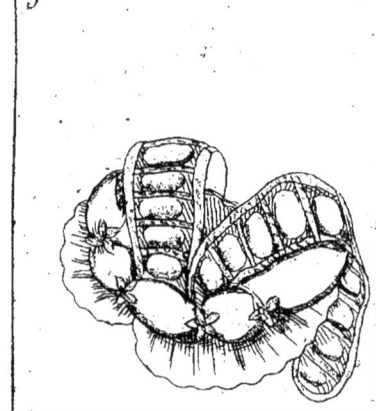

Bonnet a la Cilicienne.

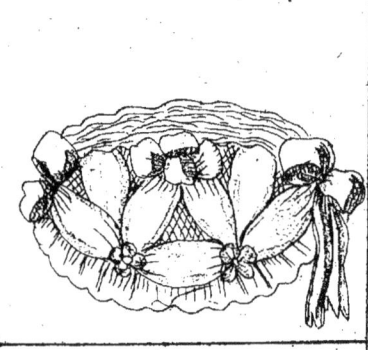

Chapeau a la Capadocienne.

La cinquiéme Coëffure est un Tapé en aîle, avec une boucle renversée faite avec le bout du Chignon.

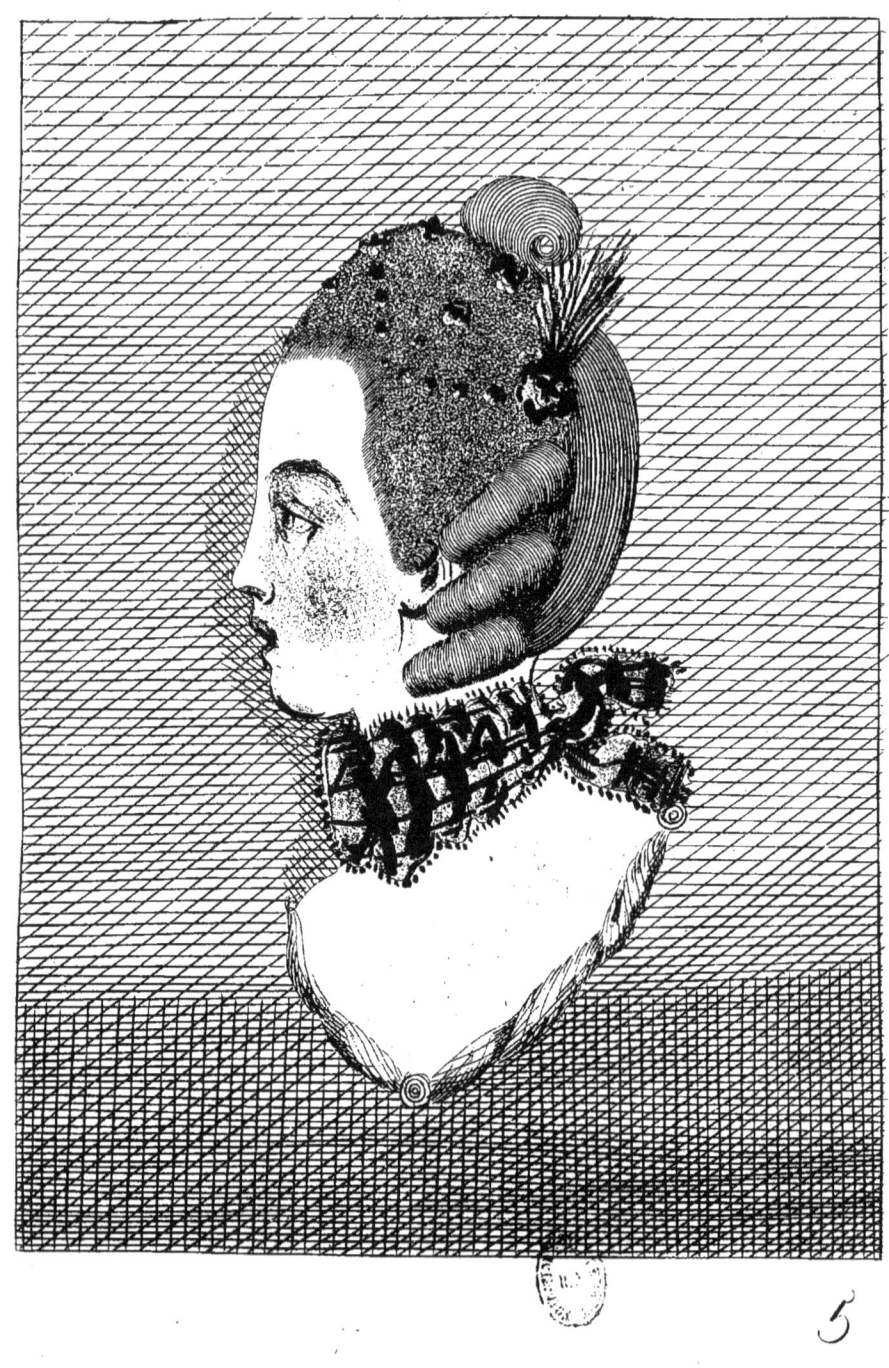

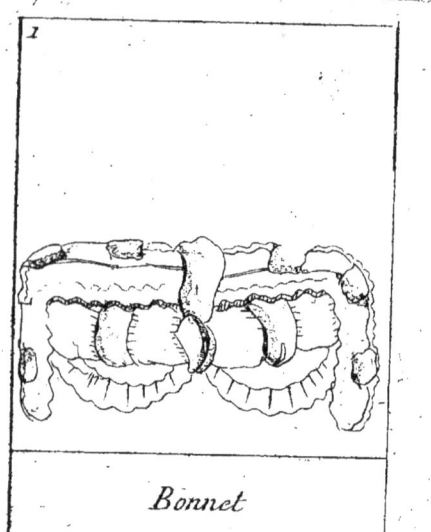

Bonnet a la Tictone.

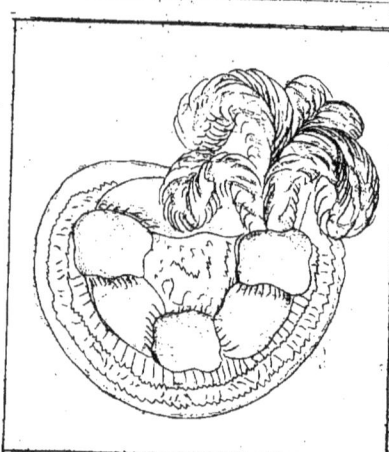

Chapeau a la Marginié.

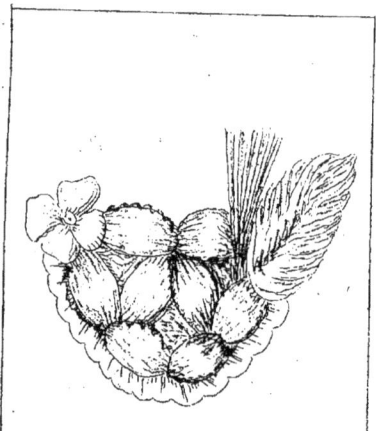

Toque a la Calipço.

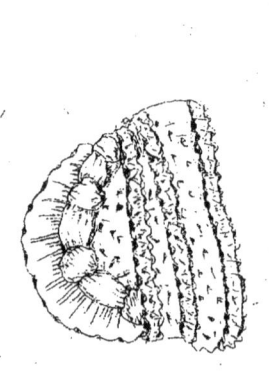

Bonnet a la Cidoniene.

La sixiéme Coëffure est à un rang de boucles biaisées, & une coque & un nœud de cheveux lisses en trois, fait avec le bout du Chignon pour servir d'aigrette.

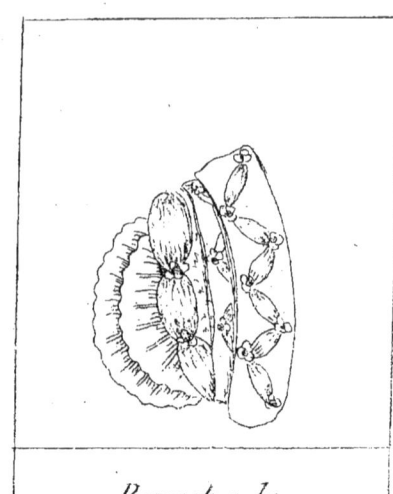

Bonnet a la Trassiene.

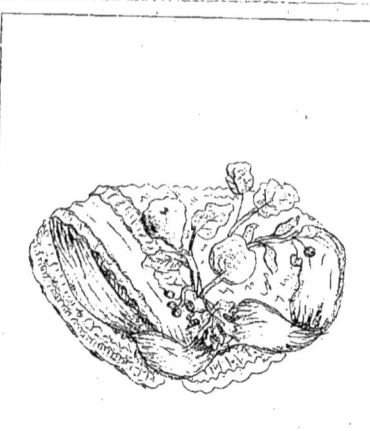

Toque a la D'aphene.

Bonnet a la Thisbe.

La septiéme Coëffure est à un rang de boucles, racines droites, deux Coques & une Dragonne, fait avec deux méches de cheveux tirés de dessus la tête, & une boucle renversée faite avec le bout du Chignon.

Les Dragonnes ne servent que pour les Bals ou le Théâtre.

7

La huitiéme Coëffure est à un rang de boucles & une Coque, & un rang de boucles en marron rejetté en devant en barbe, & une boucle renversée sur le peigne, faite avec le bout du Chignon.

La neuviéme Coëffure est à deux rangs de boucles brisées montantes, une Coque, & des boucles en béquille, faite avec le bout du Chignon & une grosse boucle ronde.

La dixiéme Coëffure est à deux rangs de boucles coupés, & une Toque de quatre boucles faites avec le bout du Chignon.

10

La onziéme Coëffure est à deux rangs de boucles brisées montantes, une coque, & un rang de boucles en marron jetté en devant en barbe, & trois bouillons de cheveux lisses, fait avec le bout du Chignon.

II.

La douziéme Coëffure est à trois rangs de boucles brisées, faisant le Point d'Hongrie, & deux Coques.

La treiziéme Coëffure est à trois rangs de boucles barrées, jettées en devant, & deux Coques, & une boucle renversée, faite avec le bout du Chignon.

.13.

La quatorziéme Coëffure est à trois rangs de boucles barrées, jettées en arriere, & une Coque & des boucles rondes, faites avec le bout du Chignon.

.14.

La quinziéme Coëffure est un Chignon frisé en boucles brisées, faisant le Point d'Hongrie.

15

La seiziéme Coëffure est un Tapé avec un rang de boucles en marron, jettées en devant en barbe, & les Chignons nattés à un triage, & trois bouillons & une boucle renversée faite avec le bout de la natte.

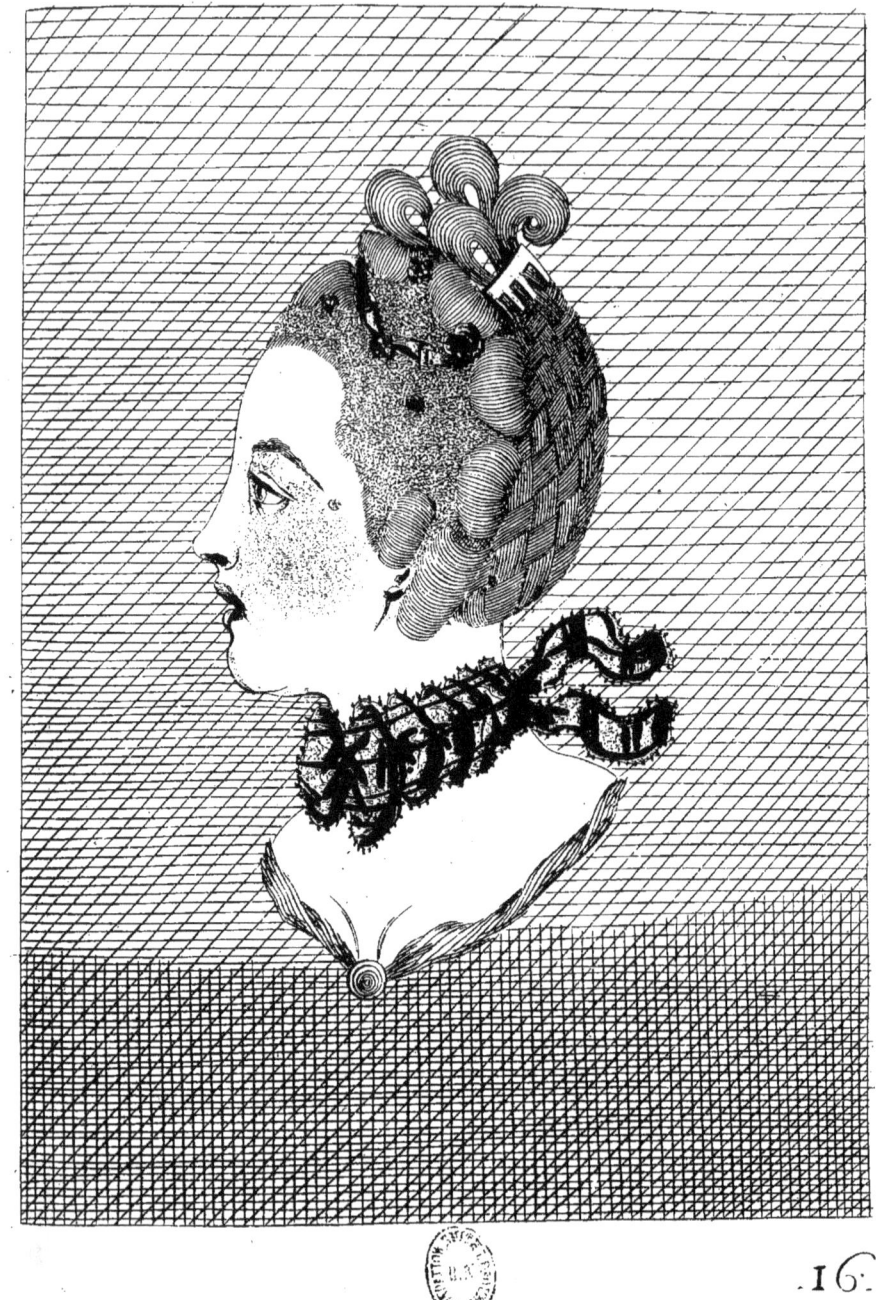

La dix-septiéme Coëffure est un Tapé, avec un rang de boucles en coquille, jettées en arriere en barbe, & une Coque, & un Nœud de cheveux lisses en coquarde, fait avec le bout du Chignon, pour servir d'aigrette, & deux barrieres tirées du dessus de la tête.

.17.

La dix-huitiéme Coëffure est à trois rangs de boucles en coquilles montantes, & le Chignon natté en deux parties, le bas est natté en triage, & le haut est natté à jour, & trois boucles renversées faites avec le bout de la natte.

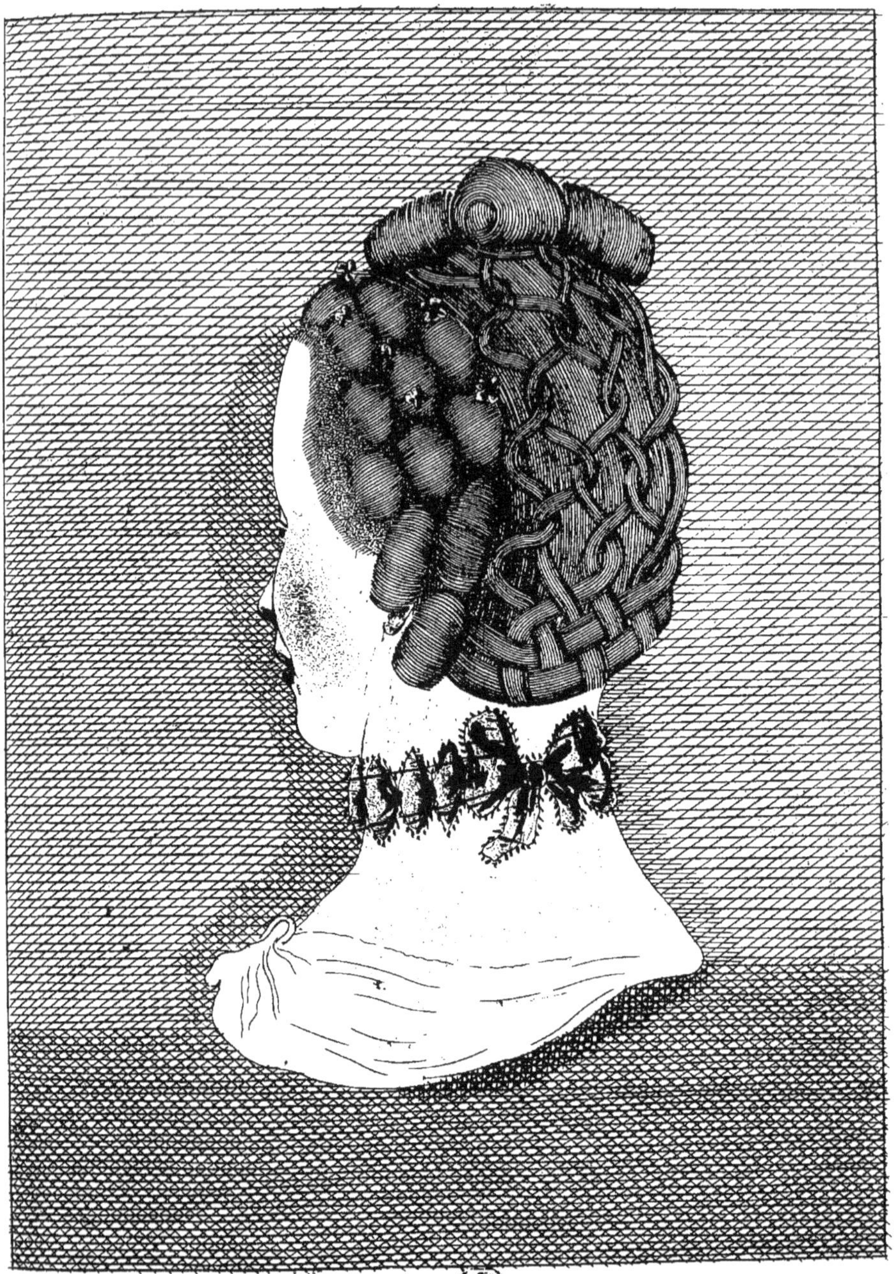

18

La dix-neuviéme Coëffure est à un rang de boucles à demi biaisé, & un rang de boucles en coquille, jetté en arriere en barbe, une Coque, & le Chignon natté en parquet, & une boucle longue renversée, faite avec le bout de la natte.

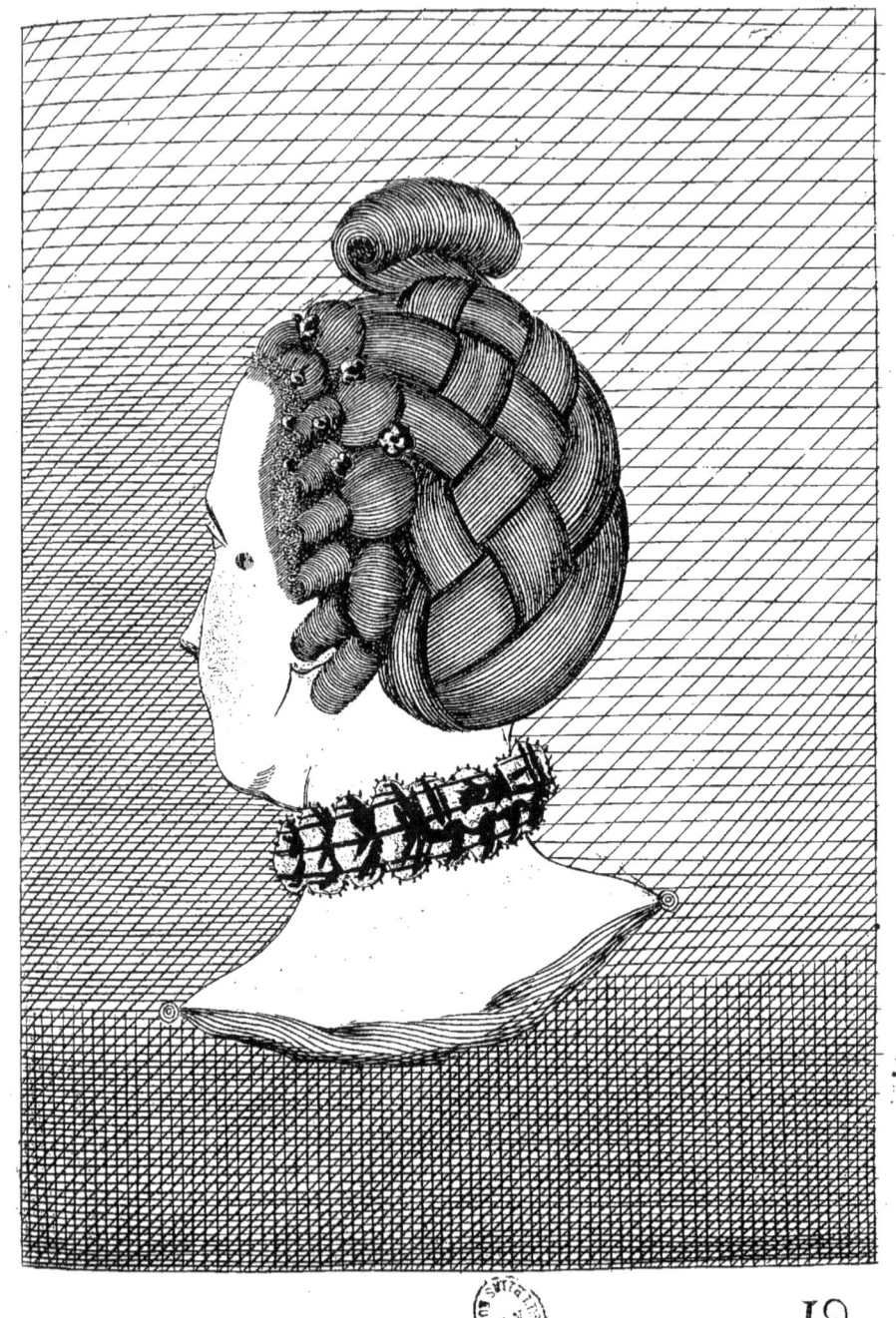

La vingtiéme Coëffure est à deux rangs de boucles brisées en colimaçon, avec une Dragonne tirée de dessus la tête, & trois bouillons de cheveux lisses faits avec le bout du Chignon, & un nœud en trois.

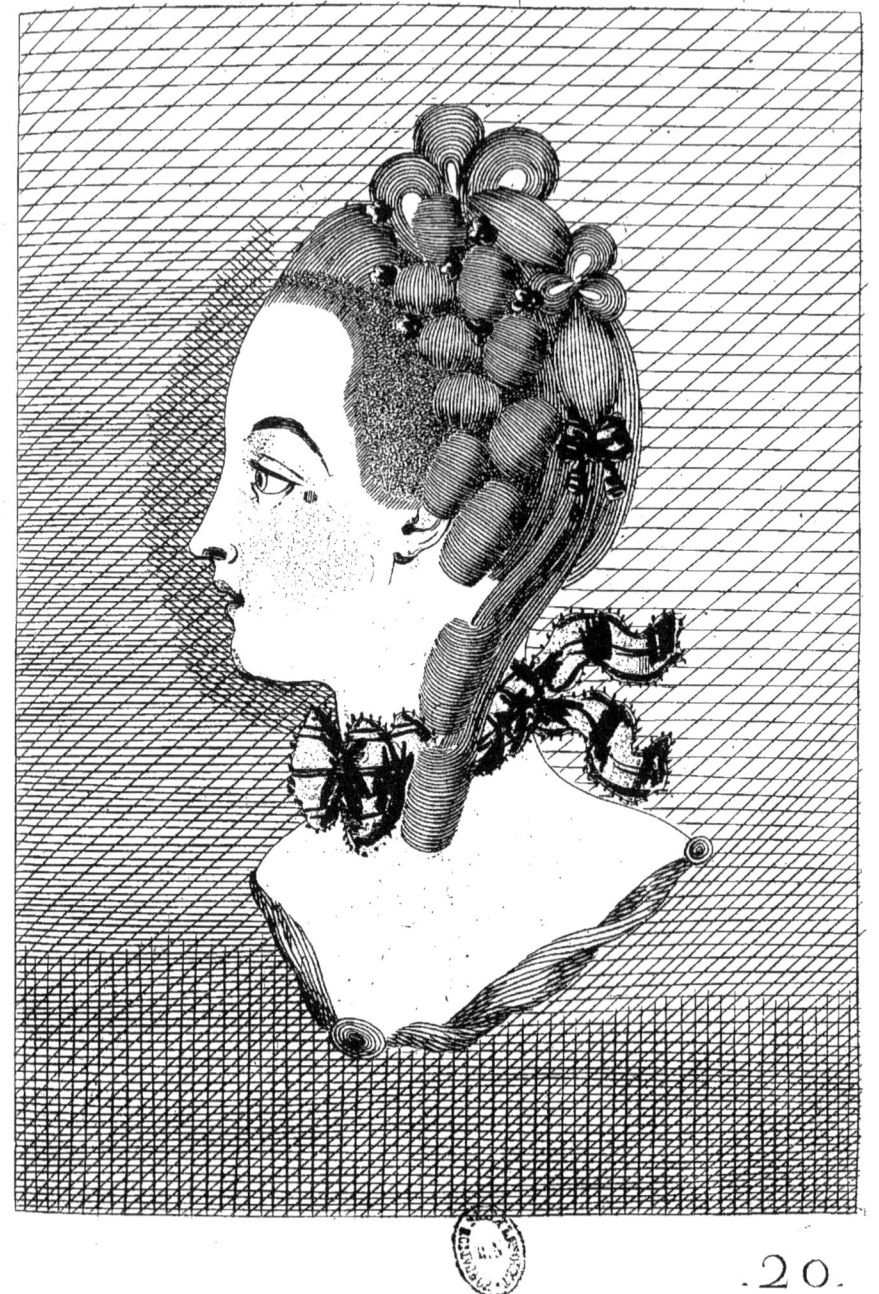

.20.

La vingt-uniéme Coëffure est à deux rangs de boucles en marron, jettées en devant en barbe, avec une Toque faite avec le bout du Chignon.

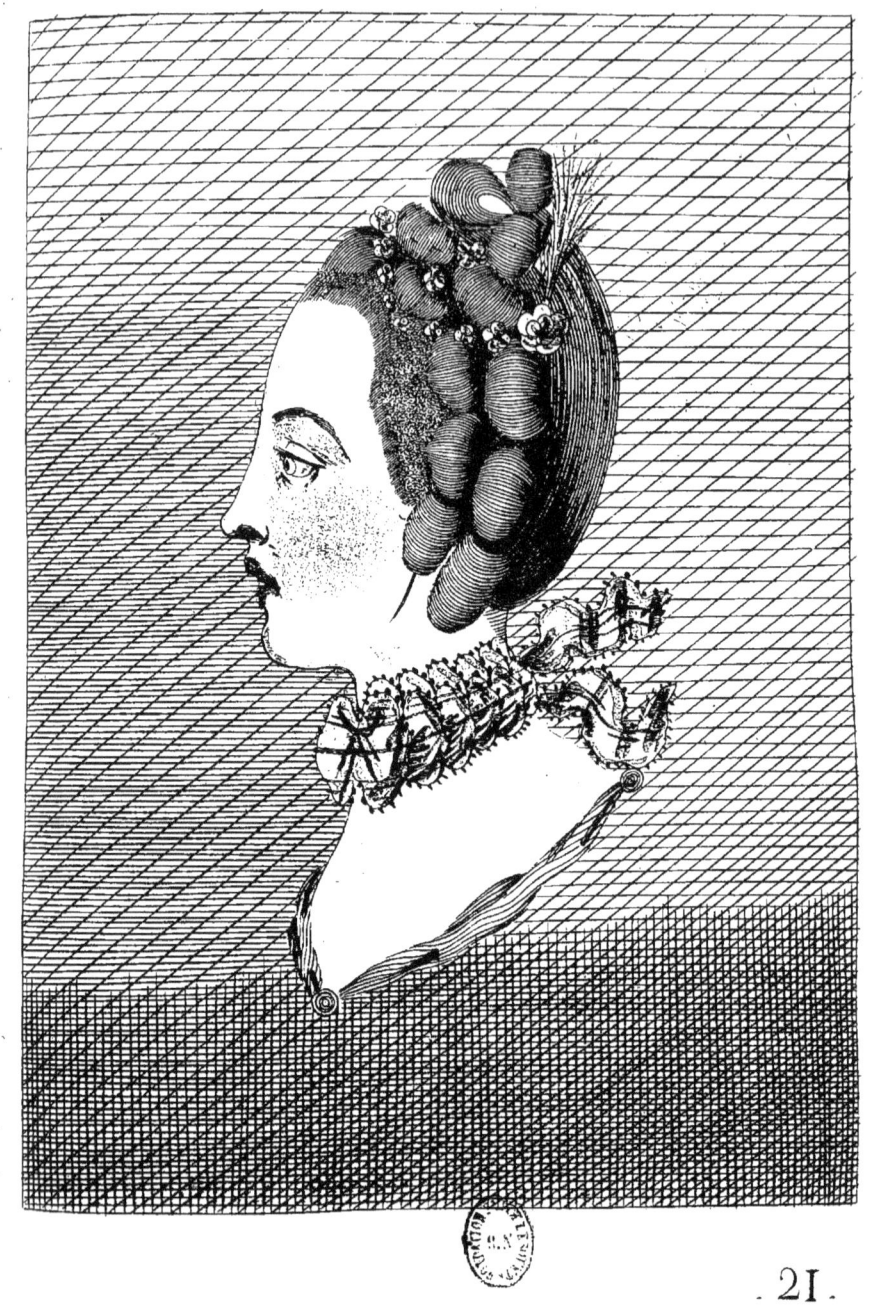

21.

La vingt-deuxiéme Coëffure est à deux rangs de boucles en coquille, jettées en arriere, & une Coque, des boucles rondes, faites avec le bout du Chignon.

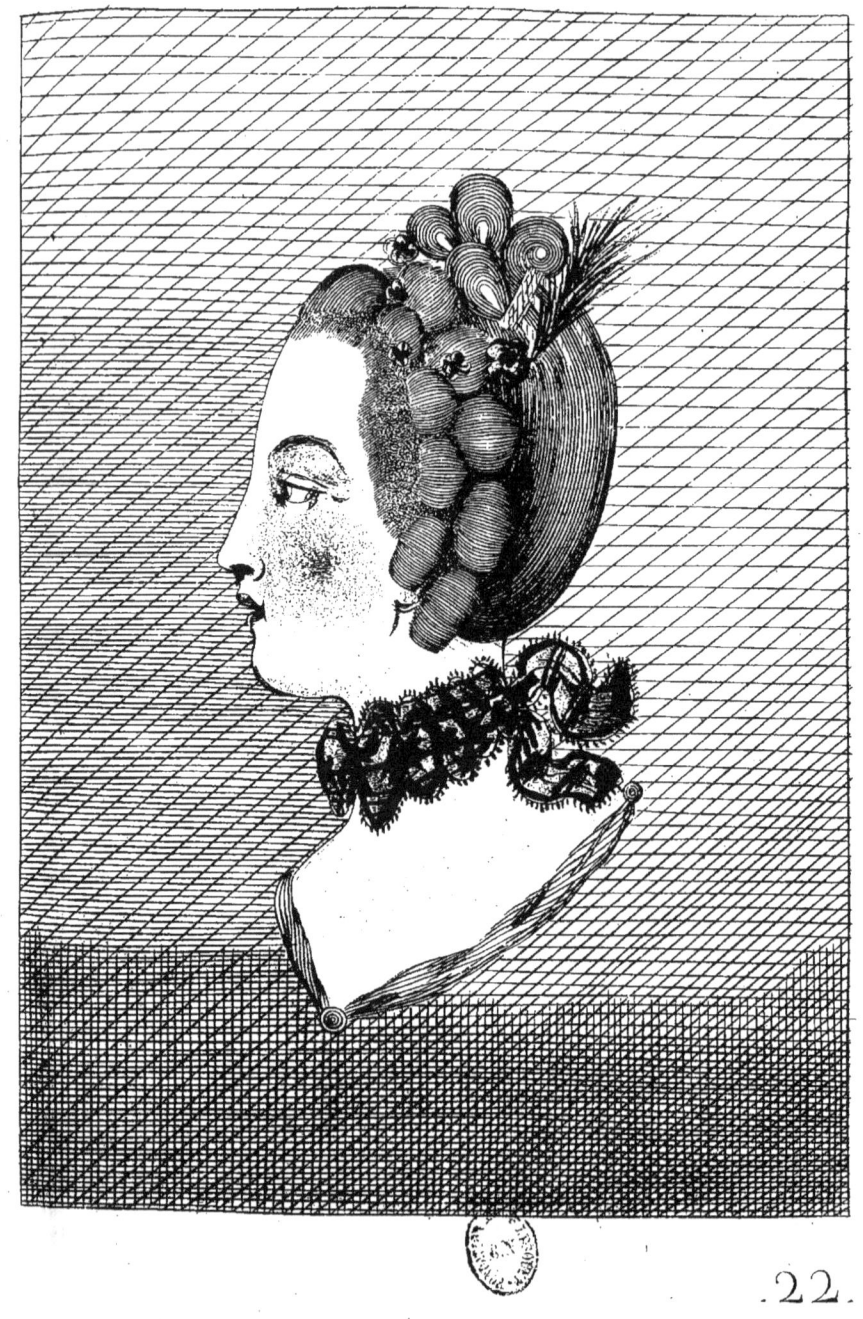

.22.

La vingt-troisiéme Coëffure est à deux rangs de boucles en coquille contrariées, & une Coque, & deux nœuds de cheveux à trois bouillons, faits avec deux méches de cheveux lisses, tirés de dessus la tête, pour servir d'aigrette.

La vingt-quatriéme Coëffure est à deux rangs de boucles en coquille barrées, jettées en arriere, deux Coques, & un nœud de cheveux fait avec le bout du Chignon moitié natté.

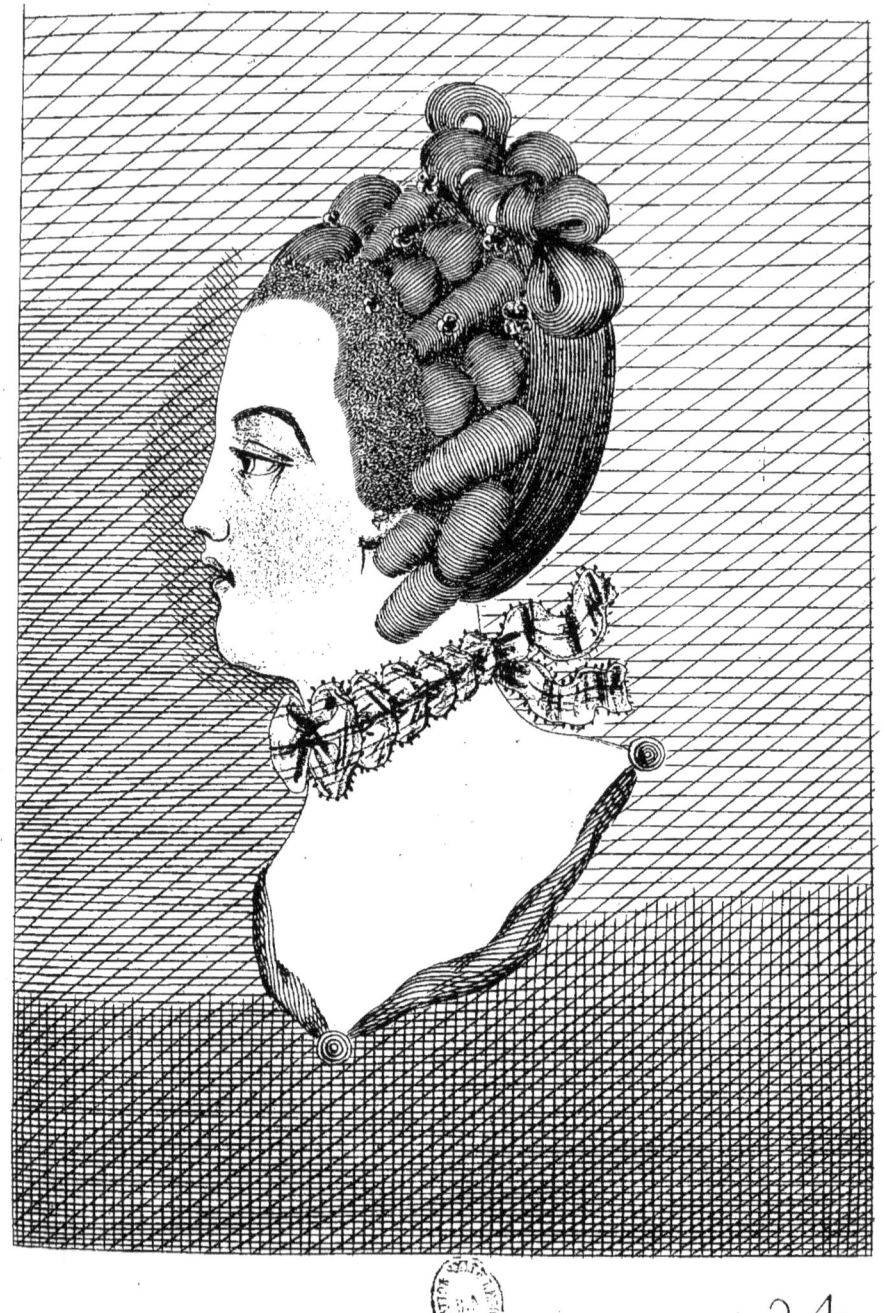

24.

La ving-cinquiéme Coëffure est en boucles en coquille, entrelacées en guirlande, deux Coques & des bouillons en coquarde, faites avec le bout du Chignon.

.25.

La vingt-sixiéme Coëffure est en boucles brisées & des boucles en rosette, deux Coques, & des barbes à deux bouillons moitié nattés, faites avec deux méches de cheveux lisses, tirés du dessus de la tête ou du bout du Chignon.

.26.

La vingt-septiéme Coëffure est en boucles en coquille, & boucles rondes en rosette, & une Coque & des barbes bouillonnées en fusée, faite avec deux méches de cheveux lisses, tirés du dessus de la tête.

27.

La vingt-huitiéme Coëffure est un Chignon frisé en boucles brisées, & des boucles rondes en rosette.

.28.

La vingt-neuviéme Coëffure est un Tapé en trois parties, formant trois grandes coquilles, & deux méches de cheveux lisses, tirés du dessus de la tête, pour faire les barrieres, & trois bouillons de cheveux faits avec le bout du Chignon.

Voila les cinq Coëffures d'augmentation de l'année 1766.

La trentiéme Coëffure est à cinq coques barrées par un rang de boucle en guirlande, & quatre bouillons de cheveux faits avec le bout du Chignon.

30

La trente-uniéme Coëffure est un Tapé avec deux rangs de boucles à crochet, & un petit bonnet en cœur sans papillon, & une boucle renversée faite avec le bout du Chignon.

La trente-deuxiéme Coëffure est à six boucles en coquilles de front, barrées, & une Coque avec une Toque de rubans pour servir de Bonnet.

32

La trente-troisiéme Coëffure est à cinq rosettes barrées par un rang de boucles en guirlande avec un Chapeau à la Bastienne : ce Chapeau ne se met que du côté gauche.

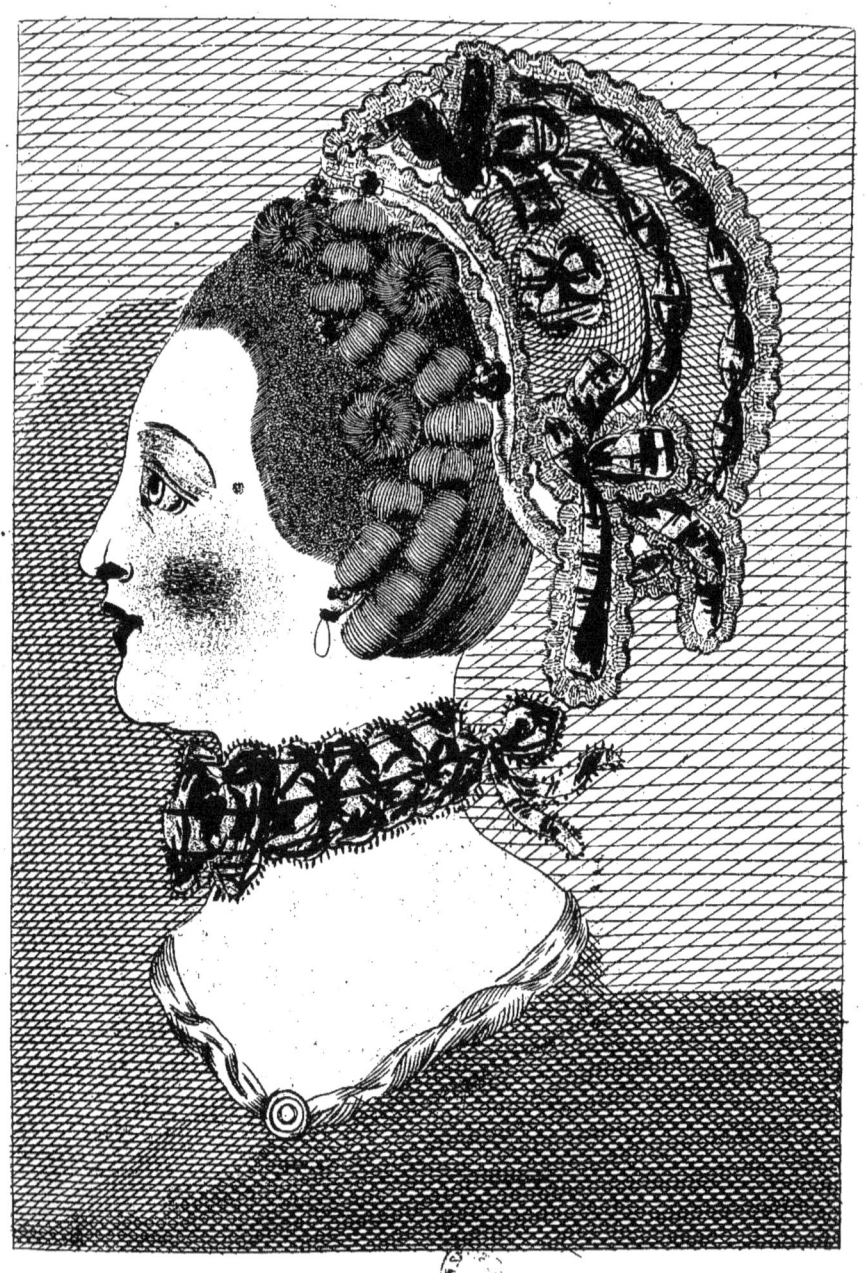

Voila les cinq Coëffures *de l'année* 1767.

La trente-quatriéme Coëffure est à un rang de boucles en coquille & rosette barrées, & trois bouillons faits avec le bout du Chignon.

34

La trente-cinquiéme Coëffure est un Tapé en cinq coques, & une barriere de cheveux en trois, avec une Sultane tirée de deſſus la tête, & trois bouillons faits avec le bout du Chignon, de même que les trois Roſettes.

La trente-sixiéme Coëffure est un Tapé avec une Coque en cœur, & des fleurs, & la Sultane des cheveux en chenille, faite avec des petites méches de cheveux tirés des côtés de la tête & avec le bout du Chignon ; pour faire des fleurs de chenille, il faut que les cheveux aient plus de demi-aulne de long.

36

La trente-septiéme Coëffure est à un rang de boucles en rosette enchaîné avec des méches de cheveux lisses, & des Barbes rondes bouillonnées, & une boucle renversée faite avec le bout du Chignon.

La trente-huitiéme Coëffure est le Bouquet de l'Art des Coëffeurs des Dames Françoises.

Mon Livre de l'Art de la Coëffure des Dames a été fini, corrigé, & embelli dans le mois de Février 1767 : il a été applaudi des Reines & Princeſſes, & de toutes les Dames de bon goût.

Bien des perſonnes ne vouloient point croire que tant de Coëffures puſſent ſe faire ſur les cheveux naturels : enfin j'ai été obligé de leur prouver la vérité dans le courant du mois de Mai & du mois de Juin de l'année 1766. J'ai fait coëffer par mes Eleves des modéles, c'eſt-à-dire, des prêteuſes de tête, conformes aux trente-trois premieres Eſtampes qui ſont dans mon Livre : je les ai envoyé ſur les remparts de cette ville de Paris, où les Grands & les petits ſe réuniſſent à la promenade, après avoir prouvé au public la vérité de toutes mes Coëffures.

Les Eleves qui auront les trois Cachets de l'Art de la Coëffure ſeront très-rares, attendu qu'il n'y en aura pas dix ſur cent qui les gagneront : ainſi tous les Eleves finis coëfferont conformément à toutes les Eſtampes, comme un bon Muſicien chante la Muſique. Il ſera facile aux Dames d'en voir les preuves à leurs toilettes, en montrant à mes Eleves Coëffeurs mon Livre de l'Art de la Coëffure. Afin que les Dames ne ſoient point trompées, les Eleves finis pour l'Art de la Coëffure auront ſur leur Certificats les trois Cachets en rouge.

Tous les Artiftes de mon Académie, c'eft-à-dire, Eleves finis, feront mandés pour venir donner leurs voix, & vérifier les Coëffures des Eleves, à qui on donnera les Cachets.

Tous les Eleves qui auront les trois Cachets fur leur Certificat, feront Artiftes & Académiciens de l'Art de la Coëffure des Dames, & foutiendront avec droit cette Académie. Quant à moi, je ne le tiens point de la fcience des hommes, je le tiens de la grace du grand Etre fuprême, & je montre à mes Eleves comme à moi-même.

Un Eleve au Cachet qui auroit le malheur de devenir infirme ou eftropié, qui ne pourroit plus faire profeffion de l'Art de la Coëffure des Dames, & n'auroit point affez de bien pour vivre, tous les Eleves profeffeurs lui donneront tous les ans chacun trois livres, & les Maîtres de claffe chacun fix livres ; fi c'eft un Etranger à qui le malheur arrive avec preuve, le François lui enverra l'argent mentionné ci-deffus ; fi c'eft un François l'Etranger en fera de même : celui qui manquera à fa parole, fera regardé comme un lache, & incapable d'être au rang des humains.

Le sieur LEGROS a eu l'honneur d'envoyer ses premiers Exemplaires à Mesdames de France.
à Sa Majesté Reine d'Angleterre.
à Sa Majesté Reine d'Espagne.
à Sa M. Impératrice Reine de Hongrie & de Bohême.
à Sa Majesté Impératrice Reine de Russie.
à Sa Majesté Reine de Prusse.
à Sa Majesté Reine de Suede.
à Sa Majesté Reine de Dannemarck.
à Sa Majesté Reine de Portugal.

Etant relié en veau & enluminé il se vend deux louis, & broché sans être enluminé il se vend un louis.

Toutes ses Coëffures sont applaudies & approuvées des Reines & des Princesses, & des Dames de bon goût.

Les Dames qui souhaiteront avoir des Valets-de-Chambre Coëffeurs, ou Femmes-de-Chambre, on leur donnera de très-bons sujets. Tous les Eleves qui coëfferont conformément aux onze premieres Estampes auront un Certificat imprimé, cacheté de l'Etoile, en cire pâle, & se nommeront Eleves suivants. Ceux qui coëfferont conformément aux 28 Estampes, auront sur leurs Certificat les Cachets de l'Etoile & des trois Croissants, & seront nommés Professeurs suivants; & ceux qui coëfferont conformément aux trente-huit Estampes auront sur leur Certificat les deux précedens Cachets, & celui du Soleil en cire rouge, & seront nommés Professeurs Académiciens de l'Art de la Coëffure.

Les Dames de Province, ou de Cour étrangere, qui voudront avoir des Coëffures en faux, pareilles aux Estampes, auront la complaisance d'envoyer la couleur de leurs cheveux, & la mesure de leurs têtes, comme il est marqué ci-devant, & le numero des Coëffures qu'elles souhaiteront. Les Dames peuvent se coëffer seules avec toutes ses Coëffures sans que l'on puisse s'appercevoir que ce soit du faux. Toutes les Boëtes dans lesquelles il enverra ses Ouvrages, seront cachetées du nom de son Académie, afin que les Dames ne soient point trompées.

Il faut observer que dans ces trente-huit Coëffures, il n'y en a que trente-cinq que l'on fait sur la même frisure, que l'on ne met qu'une fois en papillotte, & que c'est toujours la même coupe des cheveux.

Forme du Cachet que l'on met sur les Boëtes des Ouvrages que l'on envoye.

Les Dames pourront avoir une entiere confiance dans les Eleves qui feront munis des Certificats cachetés : le Cachet ne se vend pas par argent, ni ne se donne point par faveur ; il faut le gagner pour l'avoir.

F I N.

Demigieu 1769

le premier volume — 4 ^{lt}
le supplement du 1er vol — 9
le second supplement — 16
le 3e supplement — 21
le 4e supplement

Total $50

www.ingramcontent.com/pod-product-compliance
Lightning Source LLC
Chambersburg PA
CBHW051912160426
43198CB00012B/1860